글 · 그림 이 유 경

신아출판사

행복한 웃음속에 작은 희망 하나…

뭔가 아쉬움 속에서 머뭇거리는 발걸음,
작은 바람에도 늘 휘청거리며 흔들리는 삶이지만
살아온 세월 속에 자리한 아픔도, 슬픔도
고운 향기 품어내는 한 송이 꽃으로 피어나
찬란한 아침햇살을 맞이하며 환하게 웃고 싶어집니다.

바람처럼 살다가 사라지는 삶인 줄 알기에
내 속앓이는 언제나 풀숲에 비스듬히 누워
향기로운 꽃들이 들려주는 이야기에 귀 기울여 봅니다.
그리고 눈물 대신 가슴 한구석에선 세상물정 모르던
어린 시절 그 곳으로 돌아가 한 줄기 꿈과 희망들을
말갛게 꽃 피우고 싶어집니다.

투명한 햇살 머리에 이고
달처럼 환한 웃음으로
상처투성이 내 마음을 보듬어
작은 위로를 건네는 꽃들을 바라보면서
나도 그 누군가의 아픈 마음을 다독여 가며
행복한 웃음 속에 작은 희망 하나
안겨줄 수 있는 소박한 한 송이
꽃으로 활짝 피어나고 싶은 바람입니다.

오늘도 바람 부는 들녘에서서
의연한 모습으로 허공을 향해
작은 소망의 꽃잎을 펼쳐내며
꽃이 내게 말합니다.
서녘바람 깊숙이 자리한 지금
머리위로 내려앉은 달빛 가슴에 품고
지난 세월 벗 삼아 아름다운 꽃자리에서
마음 하나쯤이야 텅 비워내라고...

2013년 9월

이 유 경

차례

50.5×36

꽃이 내게 말하네 7

1. 꽃이 내게 말 하네

꿈과 희망을 안겨주는
생명의 힘으로 우뚝 서서
꽃이 내게 말 하네
날마다 새로운 하늘 빛
숨 쉬는 그 곳에서
향기로운 삶을 위해
마음 하나쯤이야
텅 비워 내라며
해 맑은 웃음으로
나를 품어 행복하게 하네

51×36

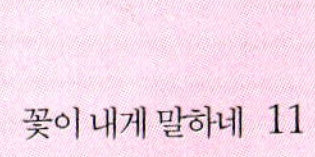

2. 새벽바람은 꽃향기 가르며

새벽이슬 꽃잎에 담아 맑은 향기로 전해주는 꽃의 숨소리
새벽바람은 꽃향기 가르며 희망을 일으켜 세우고 내 그림자는
고요하게 깨어나 아침을 맞이한다

52×37

3. 꽃은 향기만 전 하네

저물어 가는 일이
뭐 서럽다더냐
마디진 세월 속에
부서진 침묵
새벽 바람결에
꽃은 향기만 전하네

47×35

4. 알 수 없는 꽃 마음

해마다 꽃은
무슨 사연을 안고 피어나
나를 부르는가
알 수 없는 그 마음속에
내가 들어가 앉아
오늘도 세월을 건너고 있다

51×36

5. 행복을 꿈꾸며

자유로운 영혼으로 나를 일깨우는 너와 함께 하루하루 행복을
꿈꾸며 온종일 웃음으로 흔들리고 싶다

50.5×36

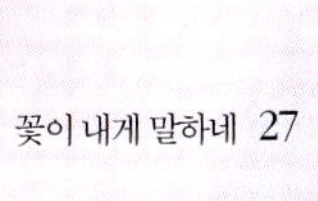

6. 속 깊은 꽃은 내게 말하네

꽃 속에 숨어 봄이 온다
한 발 한 발 아픈 영혼 다독이며
봄을 안고 꽃이 온다
해마다 시간의 깊이가 더 해진
그 세월 속에서
속 깊은 꽃은 내게 말 하네
사람사람 속에서
시리게 지친 마음
편안히 내려놓고
눈처럼 하얀 꽃잎 위에
잠시 머물다 가라하네

51×37

7. 작은 위로의 말

어디선가 외로운 울음
허공을 휘감다
그리운 달 빛 껴안고
살포시 꽃잎에 내려와 앉는다
꽃은 외로움 꼬옥 안아주며
내일은 또다시 희망이라고
작은 위로의 말을 건넨다

48×37

8. 꽃잎 펼칠 때마다

때가 되면
떠날 줄 알기에
꽃잎 펼칠 때마다
꽃은 더 의연 해진다

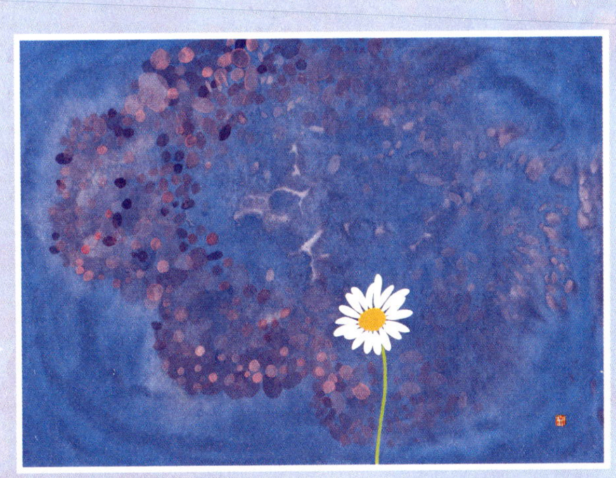

51×36

9. 꽃잎에 이는 고운 향기

햇살 맑은 날
바람도 숨죽이며
꽃을 피운다
꽃은 으랜 세월
남모르는 아픔 속에서도
티없이 맑고 순결한
마음을 담아 꽃잎을 피워내고
고운향기로 손 내밀어
내 어두운 그늘 마음
벗어나게 하는
생명의 힘으로
살아 숨 쉰다

53×36

10. 하얀 달님 손잡고

들판에 홀로 서서 찬바람 맞으며 방황하던 내 마음이
꽃의 사랑 안에서 맑은 온기로 삶을 노래하며 하얀
달님 손잡고 흐르는 길 외롭지 않네

48×34

11. 꽃은 바람 한 줌만

허물어진 마음 사이로
달빛이 새어 든다
무심히 흐르는 세월 따라
정처 없이 떠도는 내 생각들은
더 깊어져만 가는데
꽃은 바람 한 줌만
가슴에 담으라네

50×35

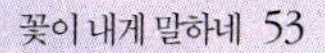

12. 꽃 마음

애잔한
내 마음 속에
싱그러운 봄 햇살
한웅큼 안겨주며
웃게 하는 꽃 마음

51×36

13. 고마운 꽃

내 마음속엔 사계절 기쁨의 꽃이 자라고 있다
온통 푸르름으로 반짝이는 싱그러운 풀밭에서
늘 당당함을 피어 올려 힘이 되어주는 고마운
꽃이여

52×35

14. 꽃의 눈물

바람의 흔적 따라
향기로 채워지는 꽃의 눈물
아픈 기억 속 비상의 꿈은
안으로 더 깊이깊이 차올라
세상에서 가장 아름다운 꽃잎으로
말갛게 피어오르네

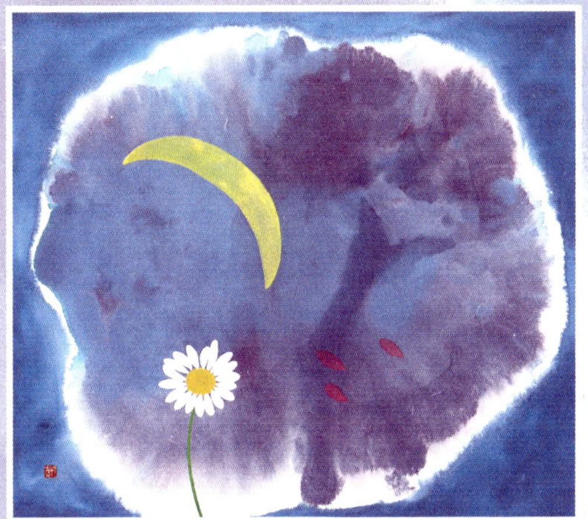

42×37

15. 꽃과 함께 걷는 길

나를 보듬어
행복으로 머무를 수 있게 하는
사랑 꽃
새초롬한 달빛 따라
꽃과 함께 걷는 이 길은
내 마음 내려놓는 길

51×36

16. 꽃은 초연하게

저녁 두렵 먼 하늘 위로 스치는 옛 생각 아련한 그리움으로
흐릿한 표정을 담고 서성대는 메마른 기억들 오늘 같이 바람이
그리운 날에 꽃은 초연하게 나를 바라본다

50×36

17. 그리움으로 피어나는 꽃

그리운 이는 가슴 속에서
꽃으로 피어난다
지나는 세월 머리에 이고
초록 빛 물들이며
눈이 맑은 아이처럼
방울방울 하얗게
그리움으로 피어난다

52×35

18. 내 삶의 꽃

잃어버린 시간들을 사랑의 힘으로 새롭게 열어
하루하루 행복을 건네는 내 삶의 꽃

51×36

19. 꽃의 위로

내 마은이
슬픔으로 물들어 가던 날
꽃은 내게 말 하네
삶은 누구나
외롭고 힘든 길이라며
내 마음 속으로 걸어 들어와
같이 흔들리며 눈물 거두어 주네

50×35

20. 울음 배인 꽃

바람 문득
꽃잎 위를 걷는다
일렁이는 순간
어디쯤에선가
후드득 떨어지는 빗방울
절뚝거리는 마음으로
울음 배인 꽃은
어느새 구름 사이
떠도는 생각들을 끌어안고
오솔길 올라오는 바람 끝에 걸려
울고 있다
아니, 속 깊어서 드러나지 않을
울음을 한량없이 넓은 가슴으로
흐느끼듯 노래하고 있었다

51×36

21. 하늘가에 머문 내 눈물

바람 골 언덕에 서서 아무 말 못하고 하늘가에 머문 내 눈물
젖어오는 가슴 한켠엔 바람결에 날려 보낸 그리움 하나가 꽃잎에
앉아 울고 있다.

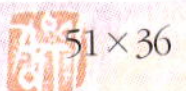

51 × 36

22. 새로운 하늘에 닿는 기쁨

꽃은 그렇게 많은 날들을 사랑만 곱게 담아 꽃잎을 피워내고
새로운 하늘에 닿는 기쁨으로 나를 불러 행복을 안겨주네

51×34

23. 나를 부르는 꽃

봄 햇살은
따뜻한 마음으로
하얀 들판을 서성이다
어느새 풀리지 않은 얼음장 밑을
총총 걸음으로 내딛는다
멀리 허공엔
벌써 설레 이는 마음으로
저마다의 이야기를 안고 오는 꽃들이
바람에 나부끼며 나를 부르고 있다

51×36

24. 초록빛 향기 가득 풀어놓고

고독이 노닐던 그 자리에 청초하게 피어난 한 송이 꽃 유난히
맑은 마음으로 바람 길을 따라 초록빛 향기 가득 풀어놓고
환한 미소로 나를 맞이하네

25. 맑은 이슬 머금은 꽃

청정한 숲속에서
홀로 무심히 흘러가는 삶
고요히 내려앉은
맑은 이슬 머금은 꽃은
살랑이는 바람결에
수줍은 듯 미소 지으며
소박한 향기로
그 존재를 잠재운다

42×37

 이연 이유경

51×36

26. 꽃마음에 안겨

나의 내일은 하늘 같이 너른 꽃 마음에 안겨 희망의 문을 열고
맑은 달빛 속에서 꿈을 키우네

47×35

27. 옛 정을 그리네

푸른 들녘은
새벽바람을 부르고
추억 너머엔
시간에 나부끼며
수줍게 웃고 있는 한 송이 꽃
공허하게 흐르는 바람 따라
꽃은 아름다운 달빛
가슴에 물들이며 옛정을 그리네

52×36.5

28. 내 모든 슬픔 다 끌어안고

삶이 아프다 눈물 나는 날에 꽃은 눈물겨워하며 내 모든 슬픔을 다 끌어안고 하늘보다 더 넓어져라, 넓어져라 말하네

118 이연 이유경

50×36

29. 맑은 영혼의 꽃

눈물로 얼룩진
생명의 씨앗
여린 가슴속에
아픔은 묻어두고
파아란 하늘 끝에서
맑은 영혼을 꽃피우기 위해
순결한 마음을 담아낸다

50.5×36

30. 작고 소박한 꽃잎 위에서

풀내음 진한 숲속에 풀어놓은 내 근심은 작고 소박한 꽃잎
위에서 어느새 고요한 기도가 되어 하얗게 웃고 있네

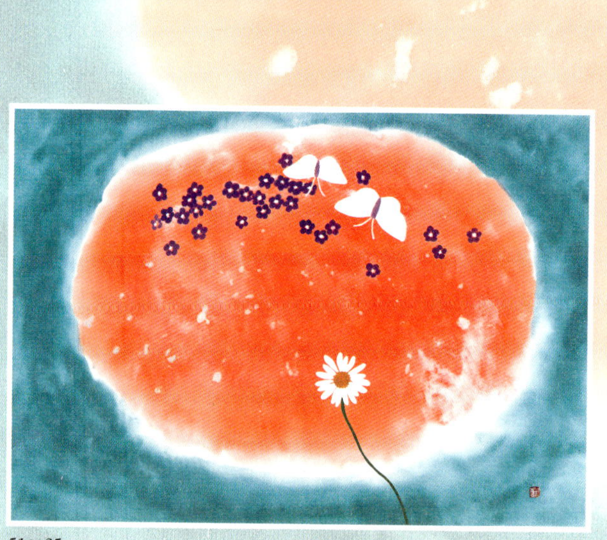

51×35

31. 풀물 진한 고요

바람 한 자락
새벽을 더듬을 때
꽃은 영원히
시들지 않을 마음을 열어
내 아픈 상처에
풀물 진한 고요를 안겨준다

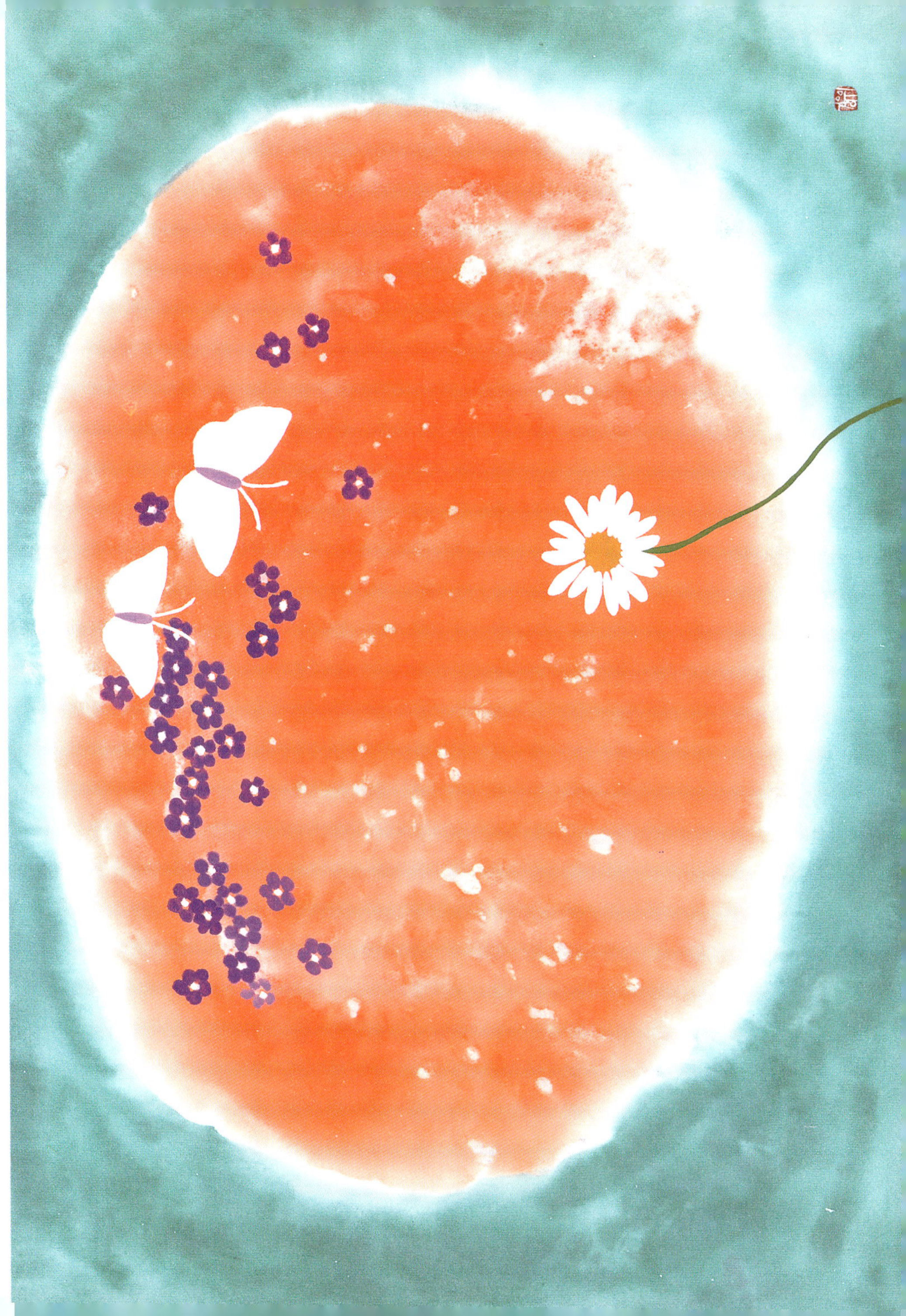

51×36

32. 꽃의 너그러운 품에서

꽃의 너그러운 품에서 비로소 향기로울 수 있는 나
세찬 비바람이 지난 자리엔 희망의 빛이 가득 쏟아지네

50×36

33. 간절한 마음으로

어스름 저물녘
고요한 바람에 기대어선
내 고단한 일상
하늘 별빛간이
내일의 희강 일런가
간절한 마음으로
두 손 모을 때
꽂은 하늘 별 빛
내게 가득 안겨주네

49.5×34.5

35×42

34. 꽃들은 하늘을 향해

꽃들은
하늘을 향해
힘껏 날아오르며
내게 말 하네
희망의 땅위에
눈부신 햇살은
모두가 그대의 것이라고

51×36

35. 늘 푸른 향기로

세월의 뿌리 깊어진 자리에서 꽃은 싱그러운 햇살과
바람을 안고 욕심없는 마음으로 서서 늘 푸른 향기로
노래를 들려주네

51×36

36 . 바람 따라 꽃은 떠나지만

바람 따라
꽃은 떠나지만
숲은 기억할 것이다
저 푸르고 줄기찬 끝에서
피어난 향기는
계절이 지나는 자리마다
싱그럽게 하늘을 물들이며
세월 위를 걷고 있을 거라고

50×36

37 . 진정 아름다운 삶이란

하루하루 부딪치며 아프게 살아가는 나에게 꽃은 맑은 눈빛으로 말하네
진정 아름다운 삶이란 서로 다른 운명 속에서 참다운 기쁨을 찾는 거라고

50.5×35.5

38. 꽃은 울지 않는다

어떤 삶들이
속내를 힘들게 하여도
꽃은 울지 않는다
시퍼렇게 멍든 내 상처 까지도
깊숙이 끌어안으며
아름다운 마음 빛으로
푸른 하늘 끝에서 웃고 있다

52×35.5

39. 꽃은 수줍어

가을바람 산마루에 걸터앉아 쉬고 있을 때 꽃은 수줍어 얼굴을 가린다 나는 오래된 그리움 하나 꽃잎에 새겨두고 부끄러움으로 수줍다가 꽃 속으로 숨는다

50.5×36

40. 꽃은 피고 지면서도

속절없이
꽃은 피고 지면서도
저마다의 길을 찾아가는데
허공을 맴도는
내 작은 생각들은
바람에 나부끼며
흘러가는 구름 사이를
한발 한발 기웃거리고 있네

51×36

50×34

41. 서로가 닮아가는 시간 속에서

맑은 바람에 기대어 서서
속 깊은 정으로 따뜻하게
감싸 안아주는 꽃 마음
나는 오늘도 하늘 같이 너른
그 마음과 정을 나누며
서로가 닮아가는 시간 속에서
희망 하나를 건져 올린다

50×36.5

51×36

42. 꽃자리

내가 미ㅊ 알지 못했던
그 시절 속에서
너와 내가 함께 했던
꽃자리엔
추억만 하얗게
물들이고 있다

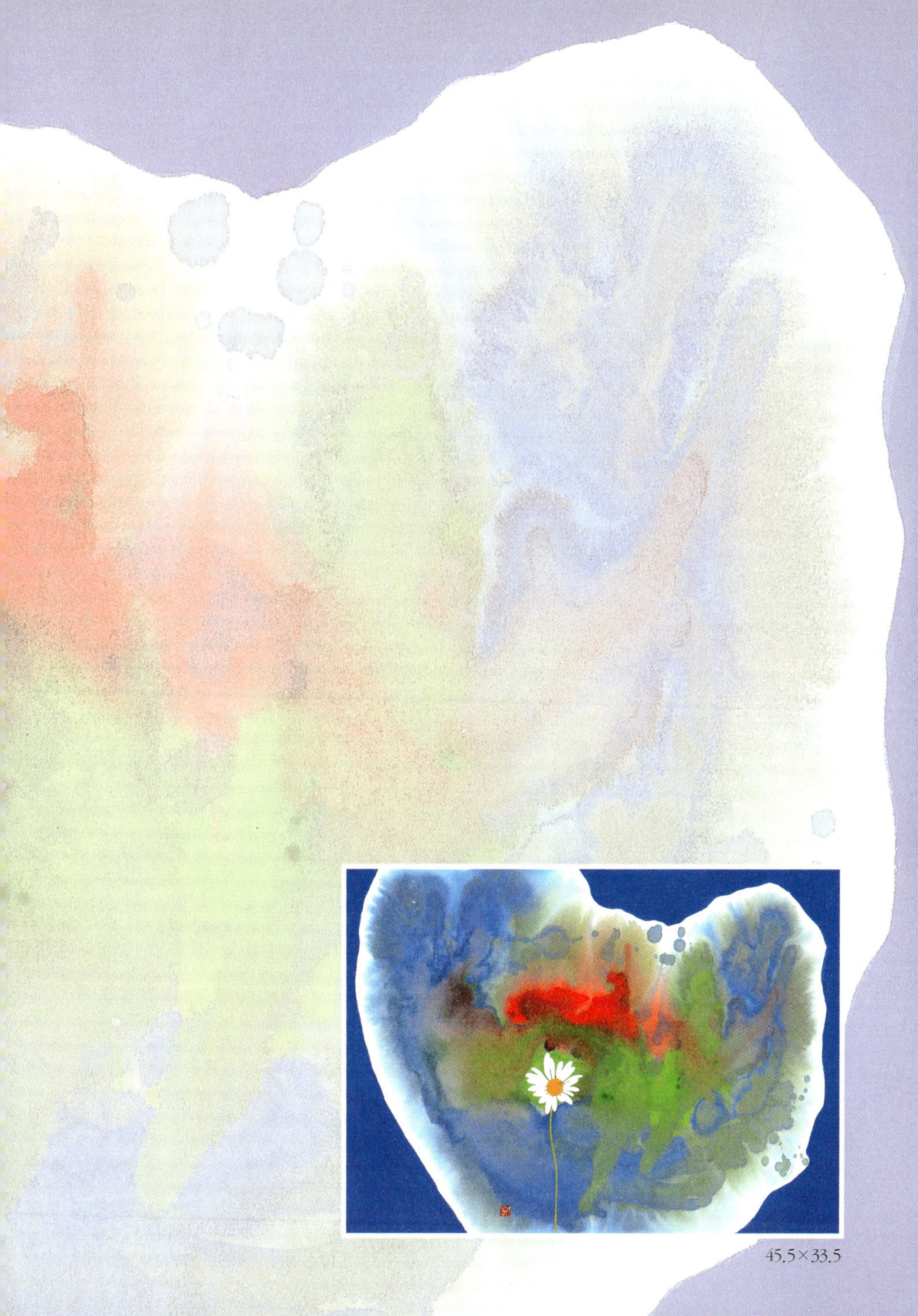

45.5×33.5

43. 곱고 티 없는 꽃

세월 물들이는
호젓한 산길에서
꽃은 곱고 티 없는 마음으로
하늘 향기를 전하고
꽃으로
꽃으로
더 새롭게 피어나는
내 생각들은
허공을 향한
맑은 마음으로
행복을 노래하며
향기로워 지고 있다

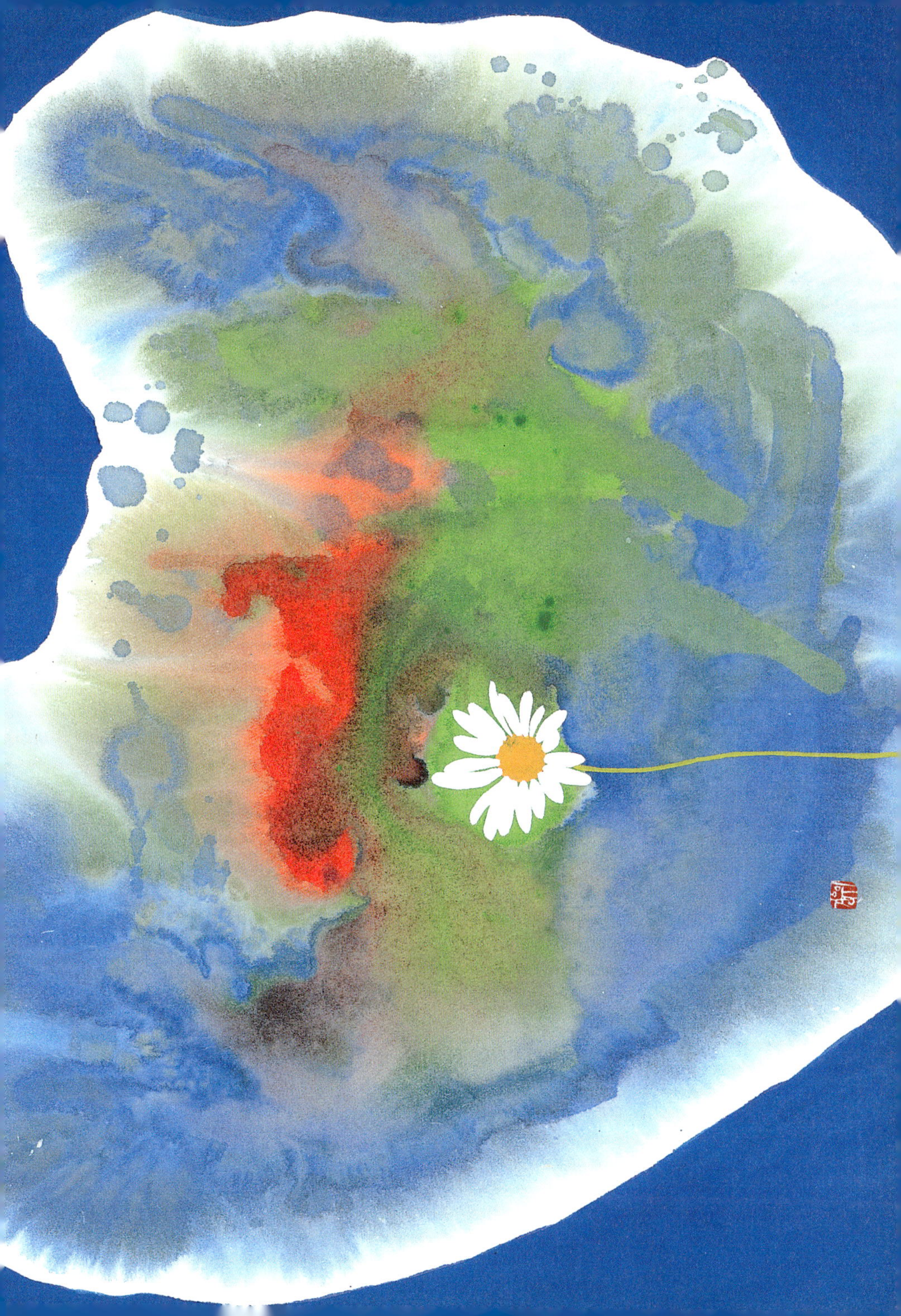

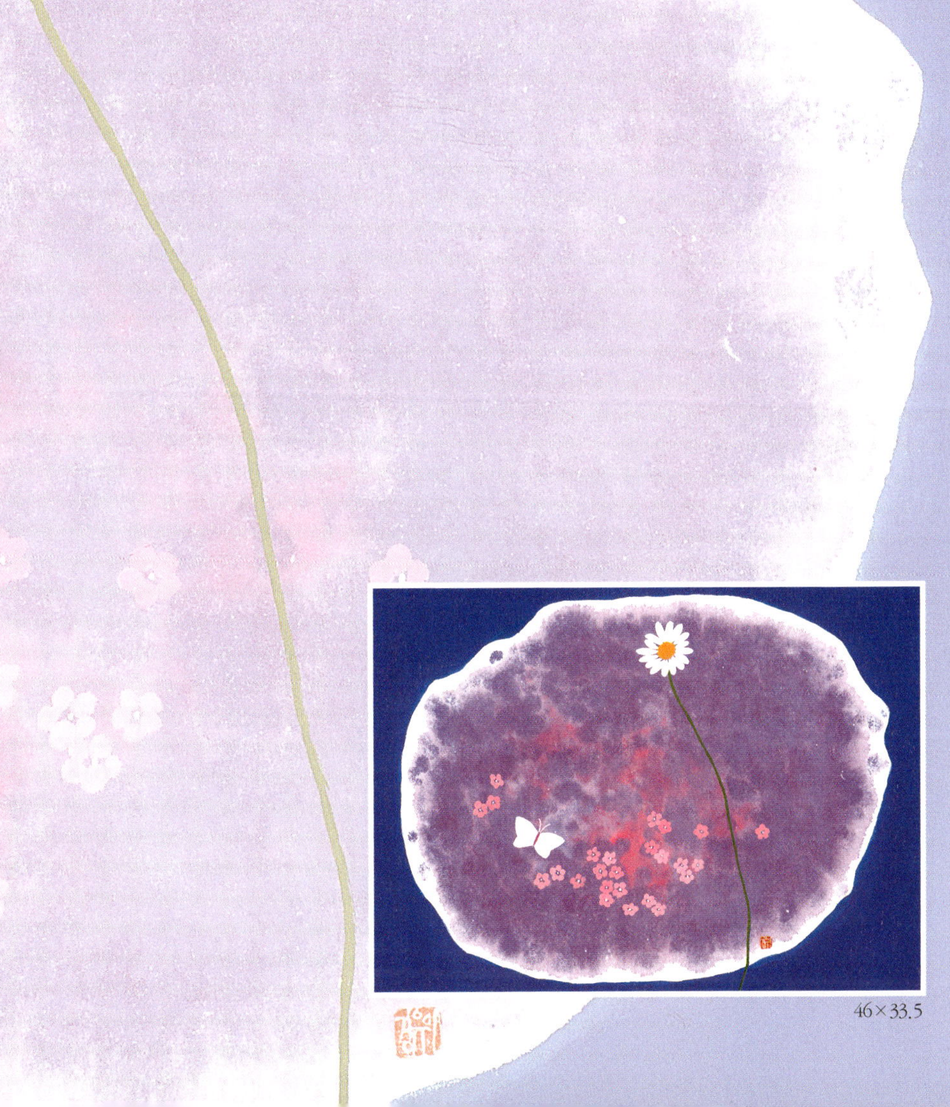

46×33.5

44.5×31.5

46.5×34

꽃이 내게 말하네

1판 1쇄 인쇄 / 2013년 10월 25일
1판 1쇄 발행 / 2013년 10일 31일

글 · 그림 / 이 유 경
펴 낸 이 / 서 정 환
펴 낸 곳 / 신아출판사

등록 / 1984년 8월 17일 제28호
주소 / 전주시 완산구 태평동 251-30
전화 / (063) 275-4000
팩스 / (063) 274-3131
E-mail / sina321@hanmail.net

값 12,000원

*지은이와 협의하여 인지를 생략합니다.
*잘못된 책은 바꿔드립니다.

ISBN 979-11-5605-019-3 03810

이 도서의 국립중앙도서관 출판시도서목록(CIP)은 서지정보유통지원시스템 홈페이지(http://seoji.nl.go.kr)와 국가자료공동목록시스템(http://www.nl.go.kr/kolisnet)에서 이용하실 수 있습니다.(CIP제어번호: CIP2013022524)